LA
DÉMOCRATIE
ET M. RENAN

RÉPONSE A LA PRÉFACE DES QUESTIONS CONTEMPORAINES

PAR

J. LABBÉ

Prix : Un Franc.

PARIS
ARMAND LE CHEVALIER, ÉDITEUR
61, RUE RICHELIEU, 61

1868

Tous droits de traduction et de reproduction réservés.

PARIS. IMPRIMERIE L. POUPART-DAVYL, 30, RUE DU BAC.

LA DÉMOCRATIE

ET M. RENAN

I

En l'an 394 après Jésus-Christ, Théodose le Grand étant
sur son déclin, les Goths occupant la Dacie, les Francs gar-
dant les deux rives du Rhin, comme fédérés de l'Empire,
Rome et Constantinople étaient tranquilles et heureuses.
Les patriciens y étaient tous *illustrissimes*, presque toutes
les femmes y étaient belles, et presque tous les évêques y
étaient saints. L'or étincelait, le marbre éblouissait ; les
trompettes des légionnaires donnaient la réplique aux
harangues des rhéteurs et aux cantates des poëtes.

Quelquefois un vent du nord passait, très-âpre. Et les
vieilles femmes, qui devisaient en filant leurs quenouilles,
disaient : « L'hiver sera dur cette année. » On entendait,

vers le Danube, comme un piétinement et comme un cliquetis. Mais on ne s'en inquiétait guère. Alaric était fidèle, et Attila était encore loin.

En ce temps-là un philosophe d'Athènes méditait dans son cabinet. C'était un fort honnête homme, et qui écrivait en fort bon grec. Si l'on ne voulait à toute force le reconnaître pour un *Attique*, il fallait avouer qu'il était au premier rang parmi les *Atticistes*. Du reste, ni païen, ni chrétien. Les bruits de la rue, du temple, de l'Église arrivaient jusqu'à son laboratoire, éteints, à demi étouffés et comme tamisés. Il avait jugé les querelles d'Arius et d'Athanase, en critique impartial, et goûté, en artiste, les beautés oratoires et poétiques du plaidoyer de Symmaque pour les statues des dieux. En général, les discussions théologiques lui inspiraient une curiosité passionnée, qui, dans son esprit très-fin et un peu ondoyant, avait pour correctif le dédain « des formules grossières », où s'arrêtent et s'immobilisent les multitudes. Ce qu'il reprochait surtout, aux hérétiques comme aux orthodoxes, c'était de ne pas avoir le sentiment des nuances, et de procéder, en toutes choses, par des affirmations « qui répugnent à la haute critique ». Il avait voyagé en Égypte et en Syrie, et n'était pas étranger aux spéculations des mages réformés, qui essayaient alors de concilier Platon et Zoroastre dans la capitale des Arsacides. Ses livres étaient fort goûtés à Athènes, à Rome et à Byzance. Les dames d'alors, qui n'avaient pas encore tout à fait choisi entre le culte du Crucifié et celui d'Adonis, le lisaient volontiers ; et ses envieux disaient que cela n'était pas étonnant, parce qu'il y avait, dans son style comme dans sa pensée, toutes les indécisions charmantes et les séductions un peu apprêtées de la nature féminine. En somme c'était un homme heureux, ni trop bien, ni trop mal en cour, populaire, parce qu'on le savait indépendant, et n'ayant guère contre lui que quelques évêques et quelques moines, mieux munis d'injures que de raisons, et deux ou trois vieux stoïciens barbus, grands lecteurs de Juvénal et de Tacite, fidèles à Rome, cette ruine, et à la République, *cette expérience* condamnée par Pharsale.

Comme notre philosophe avait l'ouïe très-fine, il était quelquefois troublé, dans ses études sur Hermès Trismégiste et sur le Zend-Avesta, par les murmures qui, pendant le silence des nuits, arrivaient des bords du Rhin et du Danube. Alors il prenait son stylet du plus pur acier, et, sur ses tablettes, burinait un pamphlet savamment élégant contre les Barbares qui ne pouvaient se tenir tranquilles. Il adressait aux Visigoths et aux Ostrogoths, aux Huns, aux Gépides et aux Vandales, des objurgations d'une rare éloquence, leur prouvant qu'ils étaient des gens mal élevés, puisqu'ils empêchaient les philosophes de travailler. Il leur assurait, en invoquant les droits de la grande culture intellectuelle, qu'il était nécessaire qu'ils demeurassent jusqu'à la fin des siècles dans leurs forêts et leurs marécages, afin qu'à Athènes, à Rome, à Byzance, *les hommes respectables et graves* pussent parler et écrire à leur aise.

Théodose le Grand étant mort, les Barbares poussèrent un long éclat de rire, suivi d'un cri de guerre. Alaric vint à Athènes, et le vieux monde s'écroula.

II

Que prétend montrer cet apologue? — Et les Barbares sont-ils donc à nos portes?

Non, les Barbares sont au milieu de nous.

Aujourd'hui, comme au temps de Théodose, il y a des patriciens, un sénat, des légionnaires très-braves et très-fidèles, des évêques et des moines, des rhéteurs et des poëtes, et même des philosophes, — du marbre et de l'or, — l'éblouissement d'une civilisation, qui se croit chrétienne, parce qu'elle est catholique, et qui se dit démocratique, parce que le peuple souverain a changé de maîtres six fois en moins de cinquante ans.

Mais aujourd'hui, — comme il y a quinze siècles, — les Barbares frappent aux portes de la cité.

Nous ne parlons pas des Barbares du Nord. Ceux-là ne nous préoccupent guère. S'ils s'égarent jamais dans nos parages, il y aura toujours, dans notre Occident, assez de terre pour les couvrir.

Nous parlons des Barbares du dedans, des classes les plus nombreuses et les plus pauvres, qui réfléchissent et qui s'organisent, à l'heure où les gens bien élevés jouissent ou bavardent.

En face de ces derniers, il y a deux partis à prendre :

Ou les mitrailler,

Ou leur ouvrir la porte.

Les mitrailler, serait un parti peu évangélique. D'ailleurs, les jeux de la force et du hasard ont de singuliers retours, et il se pourrait que les Barbares, étant les plus nombreux, fussent les plus forts.

Qu'ils entrent donc dans la cité ! — Mais ils y sont déjà, dites-vous. Ne sont-ils pas électeurs et éligibles, et même contribuables, conscrits ou gardes mobiles ? — Nous ne voulons médire ni du suffrage universel, ni de la Landwehr. — Mais, quand vous mettriez, aux mains de chaque citoyen, un bulletin de vote et un fusil, nous dirions qu'il n'y a rien de fait. Car encore faut-il que cet électeur, ce soldat, sache pour qui et contre qui il vote, pour qui et contre qui il se bat.

Il faut également que cet homme du peuple soit affranchi de la dernière des tyrannies, de la tyrannie du capital.

C'est pour cela que les barbares (les classes les plus nombreuses et les plus pauvres) réclament aujourd'hui deux choses :

L'organisation de l'instruction, gratuite pour tous, obligatoire pour tous, absolument laïque et pure de toute donnée théologique ;

L'organisation du monde industriel par les associations de production, de crédit et de consommation, ou tout au moins par la participation (transition peut-être nécessaire du régime du salariat au régime sociétaire).

Cette ascension des couches inférieures de la société vers la lumière et vers le bien-être est le fait caractéristique, le fait essentiel de la période révolutionnaire où nous sommes entrés depuis 1789.

Quelle est, en présence de ce fait, l'attitude de M. Renan?

Si M. Renan était le premier venu parmi les écrivains de notre temps, un de ceux qui amusent un jour et qu'on oublie le lendemain, il serait oiseux et puéril de poser une pareille question. Mais M. Renan est un grand artiste, un savant de premier ordre, un amateur distingué de politique et de philosophie. Il exerce, sur la génération actuelle, une influence incontestable. Il est donc intéressant de savoir comment cet esprit, à qui personne, même parmi ses ennemis, ne refusera la finesse et l'élévation, comprend le problème du siècle. C'est en vue d'arriver à cette constatation que nous avons pris pour texte la préface des *Questions contemporaines*, où se trouve condensée, avec une rare énergie, la pensée de l'auteur des *Études d'histoire religieuse* et de la *Vie de Jésus*.

Cette préface nous a blessé profondément, sans nous étonner, car elle n'est que le résumé exact des opinions loyalement professées, depuis 1848, par M. Renan.

D'ailleurs, en attaquant presque toutes les conclusions contenues dans les trente pages de cette préface, nous n'oublierons pas que celui qui l'a écrite est l'ennemi de nos ennemis, et que, par ce motif aussi bien que par son talent et par son caractère, il a droit à ne rencontrer en nous qu'un adversaire courtois.

III

J'ouvre la préface et je lis :

« L'homme sérieux ne se mêle d'une manière active aux
« affaires de son pays que s'il y est appelé par sa naissance
« ou par le vœu spontané de ses concitoyens. Il faut une
« grande présomption ou beaucoup de légèreté de con-
« science pour prendre, de gaieté de cœur, la responsa-
« bilité des choses humaines, quand on n'y est pas obligé.
« Mais la réflexion spéculative n'implique pas la même
« témérité. »

M. Renan n'est pas de l'avis de Solon, dont la loi punis-
sait de mort le citoyen qui ne prenait pas parti dans les
troubles civils ; mais il semble qu'il soit de l'avis de Descartes. Il nous souvient, en effet, d'avoir lu dans le *Discours
de la méthode :* « Je ne saurais aucunement approuver ces
humeurs brouillonnes et inquiètes, qui, n'étant appelées, ni
par leur naissance ni par leur fortune, au maniement des
affaires publiques, ne laissent pas d'y faire toujours en idée

quelque nouvelle réformation ; et, si je pensais qu'il y eût la moindre chose en cet écrit par laquelle on me pût soupçonner de cette folie, je serais très-marri de souffrir qu'il fût publié. »

L'auteur des *Questions contemporaines* ne se fâchera point du rapprochement que nous établissons entre Descartes et lui. Il y a toutefois cette différence, entre les deux philosophes, que l'un écrivait cent cinquante-six ans avant la *déclaration des droits de l'homme et du citoyen,* tandis que l'autre écrit soixante-quinze ans après.

Descartes, contemporain de la guerre de Trente ans, n'avait peut-être pas tort de conseiller au sage l'abstention des affaires publiques. D'ailleurs, avant que la philosophie pénétrât dans les faits, il était nécessaire qu'elle s'établît solidement sur sa forte assise, *le moi* conscient et libre. Mais, voilà plus de deux siècles que Descartes a posé les prémisses, plus d'un siècle que Voltaire, Montesquieu et Rousseau ont déduit les conséquences. Et si l'heure de l'application n'a pas encore sonné, quand donc sonnera-t-elle ? Si la pensée spéculative doit rester stérile même aujourd'hui, quand donc deviendra-t-elle féconde ? .

Il nous serait bien facile de montrer ce qu'il y a d'anti-démocratique dans une théorie qui réserve la gestion des affaires publiques à ceux qui y sont appelés *par leur naissance* ou par le vœu *spontané* de leurs concitoyens. Mais nous ne voulons pas imiter ce juge qui ne demandait que deux lignes de l'écriture d'un homme pour le faire pendre.

D'ailleurs, pour l'honneur des Lettres françaises, nous serions désolé que M. Renan fût pendu. — Nous préférons aller droit au but, sans tenir compte des objections de détail, même des mieux justifiées.

Le fond de l'affaire est ceci : M. Renan a un dédain profond pour l'*action*, qu'il regarde comme une forme inférieure de l'activité humaine. Si nous étions de ceux que leur naissance appelle à se mêler des affaires de leur temps, nous serions peu flatté du privilége que M. Renan leur abandonne de si bonne grâce. Car, en vérité, pour M. Renan, les affaires publiques sont la grosse besogne, dont les raffinés de l'intelligence et les dilettanti de la science ne se soucient point. Gouverner est bon pour les élus du hasard. Mais le savant, le critique, l'artiste ne daignent s'en mêler.

Vous voyez tout de suite où cela nous mène. Le savant, le critique, l'artiste se désintéressent de la politique, à laquelle ils ne prennent aucune part. Tout ce qu'ils demandent, c'est qu'on les laisse tranquilles. Si vous leur accordez la liberté de la réflexion spéculative, tout est dit : ils ne s'inquiètent plus de savoir comment va un monde auquel ils entendent demeurer étrangers, et qui, de quelque façon qu'il aille, les contrarie par sa vulgarité. Dans les régions sereines où ils se sont réfugiés, c'est à peine si le bruit des républiques qui s'écroulent ou des empires qui s'affaissent, arrive jusqu'à eux. Peu leur importe quel est le vainqueur d'aujourd'hui, quel sera le proscrit de demain. Au milieu des bouleversements, ils ne songent qu'à maintenir le prix de la culture intellectuelle. Le monde croulerait qu'ils philosopheraient encore, discuteraient le phénomène et cher-

cheraient à en tirer les conséquences pour le système général des choses. (Cf. *De l'activité intellectuelle en France*, dans la *Liberté de penser* du 15 juillet 1849.)

C'est l'égoïsme de la raison pure.

Ils étaient d'un sentiment bien différent, ces philosophes du dix-huitième siècle, qu'on affecte de dédaigner aujourd'hui dans les écoles et dans les académies. Chacun de leurs écrits était un acte. La réflexion spéculative n'avait d'attraits pour eux que lorsqu'elle devait aboutir à l'action. Ils comprenaient que le but de l'individu, comme le but des sociétés, était non la contemplation stérile, mais la réalisation de la justice. A leurs yeux, la science elle-même n'avait tout son prix qu'à la condition de concourir à cette fin.

C'est l'action, en effet, et non la pensée, qui est la manifestation la plus haute de la vie. Réfléchir est bien. Agir, après qu'on a réfléchi, est mieux encore. L'homme est essentiellement une force libre ; et le développement de cette force, conformément à la justice, est toute sa destination. Aussi l'intervention dans les affaires publiques n'est pas seulement un droit pour tout homme qui pense, c'est encore un devoir, qui l'oblige d'autant plus que sa culture intellectuelle est plus complète.

Si la philosophie (c'est-à-dire l'ensemble des sciences qui ont pour objet l'homme moral) n'a pas pour but la réalisation de la justice, elle n'est plus qu'un divertissement, — plus noble, si vous le voulez, — mais aussi frivole que n'importe quel jeu de patience ou quel casse-tête chinois.

Nous ne sommes pas des moines de Byzance, et nous n'avons pas le loisir de consumer nos jours à disputer sur la lumière incréée du Thabor. Nous sommes les citoyens d'une société en voie de transformation, et les soldats d'une immense mêlée religieuse, politique et sociale. Un monde s'est écroulé sous nos pas, le monde de la fatalité, de la grâce et du privilége. Sur les débris de ce passé qui n'est plus, nous avons à construire la cité de la justice, dont nos pères ont posé les premières assises. Il n'est permis à personne de se soustraire à cette tâche et de déserter ce combat. Ils sont passés, pour ne plus revenir, les siècles où l'on pouvait, sans crime, fuir aux déserts et peupler les Thébaïdes.

IV

Je continue ma lecture :

« Toujours grande, sublime parfois, la Révolution est
« *une expérience infiniment honorable* pour le peuple
« qui osa la tenter; mais c'est UNE EXPÉRIENCE MANQUÉE.
« En ne conservant qu'une seule inégalité, celle de la
« fortune; en ne laissant debout qu'un géant, l'État, et
« des millions de nains; en créant un centre puissant, Paris,
« au milieu d'un désert intellectuel, la province; en trans-
« formant tous les services sociaux en administrations, en
« arrêtant le développement des colonies et fermant ainsi
« la seule issue par laquelle les États modernes peuvent
« échapper aux problèmes du socialisme, la Révolution a
« créé une nation dont l'avenir est peu assuré, une nation
« où la richesse seule a du prix, où la noblesse ne peut que
« déchoir: Un code de lois qui semble avoir été fait pour un
« citoyen idéal, naissant enfant trouvé et mourant céliba-
« taire; un code qui rend tout viager, où les enfants sont
« un inconvénient pour le père, où toute œuvre collective
« et perpétuelle est interdite, où les unités morales, qui

« sont les vraies, sont dissoutes à chaque décès, où l'homme
« avisé est l'égoïste qui s'arrange pour avoir le moins de
« devoirs possible, où l'homme et la femme sont jetés dans
« l'arène de la vie aux mêmes conditions, où la propriété
« est conçue, non comme une chose morale, mais comme
« l'équivalent d'une jouissance toujours appréciable. en
« argent; un tel code, dis-je, ne peut engendrer que faiblesse
« et petitesse. »

C'est avec un profond sentiment de tristesse que nous
transcrivons ces lignes.—La Révolution, une expérience infiniment honorable! La Révolution, une expérience manquée!
— Et c'est vous, monsieur, vous que la démocratie, au milieu du désarroi des doctrines et des partis, a pu considérer
un instant comme un de ses guides et de ses chefs moraux,
c'est vous qui avez écrit cela! Hier encore, devant cette
Académie, où la nature aristocratique de votre talent eût
dû depuis longtemps vous marquer une place, et d'où vous
exclut une coterie sans intelligence et sans grandeur, le
père Gratry a dit aussi son mot sur la Révolution : « *Jusque
datum sceleri*, et le crime s'est fait droit. » Eh bien! nous
préférons ce langage d'un adversaire déclaré, d'un ennemi
implacable, à la savante ironie d'un critique qui déclare,
après avoir pesé les géants dans ses balances de toile
d'araignée, que la Révolution fut une expérience honorable!

Ce n'est pas que tout soit faux dans la page que nous
venons de citer. Nous n'avons jamais dit que M. Renan
manquât de perspicacité et de finesse dans ses analyses.
Aussi a-t-il vu clairement quelques-uns des maux dont nous

souffrons. En effet, tout n'est pas pour le mieux, dans un temps où l'anarchie règne dans les esprits et la Centralisation dans l'État. Notre époque est toute de transition. L'ordre antérieur à 1789 a disparu, et l'ordre nouveau est à peine ébauché ; et, pendant cette halte dans le chaos, les individus manquent à la fois de liberté et de lien. — Pour sortir de cette situation essentiellement contradictoire, deux voies se présentent : ou il faut retourner en arrière, ou il faut marcher résolûment en avant, c'est-à-dire vers l'application du principe de la solidarité dans la société industrielle, civile et politique.

De ces deux voies, M. Renan choisit la première. C'est bien vers le passé qu'il nous invite à tourner nos regards. Il regrette qu'on ait aboli toutes les inégalités (excepté celle de la fortune), et que, dans notre pays, *la noblesse ne puisse plus que déchoir*. En faisant la critique du code civil (où la démocratie pourrait d'ailleurs trouver tant de choses à critiquer), il se place au point de vue d'un partisan de l'ancien régime, déplorant que *tout soit devenu viager*, que toute œuvre collective et *perpétuelle* soit interdite, que les unités morales soient dissoutes à chaque décès, que *la propriété ne soit plus considérée comme une chose morale*, etc. Il se range donc à l'avis de ceux qui considèrent l'hérédité de certaines fonctions, l'exagération de la puissance paternelle, le droit de tester, la restauration de la propriété domaniale, collective, impersonnelle, de la propriété de main-morte, comme les seuls moyens d'échapper aux problèmes du socialisme ! — Nous n'essaierons pas, en quelques lignes, de réfuter ou même de discuter cette doctrine ; mais il n'est besoin d'aucune démonstration pour constater qu'elle est anti-démocratique au premier chef.

Rendons toutefois, même sur ce point, justice à M. Renan : il reconnaît parfaitement que ce qu'il y a de mesquin dans nos lois civiles vient, non des grands révolutionnaires, mais « des médiocres hommes politiques, échappés par leur lâcheté aux massacres de la Terreur, qui liquidèrent si tristement la banqueroute de la Révolution. » En effet, toutes les fois qu'on parle de la Révolution, il ne faut pas oublier qu'en réalité elle finit à l'échafaud de Thermidor, et ne pas prendre pour des révolutionnaires cette tourbe d'hommes tarés, galvaudés dans les salons de la Tallien, qui se vautrèrent sur la république, et qui, par la corruption, préparèrent la servitude impériale.

Nous l'avons déjà dit, et nous le répétons, la préface des *Questions contemporaines* nous cause un sentiment de tristesse. Quand la Révolution est insultée par ses ennemis, nous n'en éprouvons aucune amertume ; mais il est fort pénible de la voir reniée par ceux mêmes qu'elle avoue pour ses fils légitimes. Et ce n'est pas seulement chez M. Renan, mais aussi chez des démocrates, éprouvés par l'exil, que nous retrouvons, à différents degrés, cette disposition d'esprit. Nous ne connaissons, quant à nous, rien de plus funeste que cette impartialité, — trop voisine, chez les uns, de l'indifférence, et chez les autres, du découragement. La Révolution nous apparaît, non comme un fait susceptible d'analyse, mais comme un principe absolu qu'il faut ou accepter, ou rejeter tout entier. Hors de là il n'y a que contradiction, impuissance, faiblesse irrémédiable. Ce n'est pas par la critique, c'est par l'affirmation de la Révolution que la force nous sera rendue; j'entends cette force morale, cette énergie active qui manque à notre génération. Il nous sera permis de condamner les fautes de nos pères, des hommes qui, en juin 1793, proclamèrent à la face du monde la *déclaration des droits de l'homme et du citoyen*, quand nous aurons fait à notre tour quelque chose pour la justice. En attendant, tâchons de les comprendre, et efforçons-nous de les imiter. Une démocratie qui prétendrait ne pas accepter la filiation révolutionnaire, serait nécessairement stérile. Celui qui n'a pas d'ancêtres, n'est pas digne d'avoir de postérité.

V

M. Renan est de ceux qui croient la France malade ; et il pense que la France, pour guérir de sa maladie, n'a rien de mieux à faire qu'à imiter l'Allemagne. L'Allemagne est, pour M. Renan, ce que la Bétique était pour Fénelon. Mais l'auteur des *Questions contemporaines* se montre plus que sévère pour les États-Unis.

« La force de l'instruction populaire en Allemagne vient
« de la force de l'enseignement supérieur en ce pays. C'est
« l'université qui fait l'école. On a dit que ce qui a vaincu à
« Sadowa, c'est l'instituteur primaire. Non ; ce qui a vaincu
« à Sadowa, c'est la science germanique, c'est la vertu ger-
« manique, c'est le protestantisme, c'est la philosophie, c'est
« Luther, c'est Kant, c'est Fichte, c'est Hegel. L'instruction
« du peuple est un effet de la haute culture de certaines
« classes. Les pays qui, comme les États-Unis, ont créé un
« enseignement populaire considérable, sans instruction
« supérieure sérieuse, expieront longtemps encore cette
« faute par leur médiocrité intellectuelle, leur grossièreté
« de mœurs, leur esprit superficiel, leur manque d'intelli-
« gence générale. »

Ce n'est pas Sadowa qui a converti M Renan à la science

germanique, à la vertu germanique, à tous les germanismes.
Bien des années avant que le roi de Prusse fût César, et
que M. de Bismark fût la tête de ce grand corps dont Fré-
déric-Guillaume est le bras, M. Renan aimait l'Allemagne
d'un amour exclusif, comme tout amour sincère. Il nous
souvient, il y a douze ans, d'avoir lu quelque part un article où M. Renan se plaignait de cette rigueur de logique,
en vertu de laquelle les théories ne restent jamais longtemps,
chez nous, à l'état de spéculation, et aspirent très-vite à se
traduire dans les faits. A notre France, un peu folle, où la
théorie naît tout armée, il opposait dès lors, avec complai-
sance, l'Allemagne, « où la pensée naît inoffensive, étran-
gère aux choses de ce monde. » C'est ainsi que, dès 1855, et
même dès 1848, M. Renan reconnaissait dans le caractère
tout spéculatif de l'esprit allemand, le trait dominant de son
propre esprit.

Le dédain de M. Renan pour les États-Unis ne date pas
non plus d'hier. Il nous souvient également d'un article sur
Channing, — le grand Channing, l'homme à qui, dans notre
siècle, il a été donné d'approcher le plus près de la vérité.
M. Renan professait dès lors pour l'Amérique de Channing,
d'Emerson, de Théodore Parker, l'estime médiocre dans laquelle il tient aujourd'hui l'Amérique de John Brown, de
Lincoln et de Grant. — Pauvre Amérique! sa médiocrité intellectuelle est telle, qu'elle a pu traverser trois ans de
guerre civile sans dériver vers le militarisme, et sauver
l'unité sans aboutir à la centralisation! — Pauvre Amérique! ses mœurs sont tellement grossières, que la femme y
est l'égale de l'homme, en fait comme en droit, et que le
gentleman qui se trouve, pendant cinq minutes, en tête à

tête avec une personne de l'autre sexe, ne se croit pas obligé, sous peine de ridicule, de lui proposer la partie. — Pauvre Amérique! elle est tellement superficielle, que, partout où trois de ses colons s'établissent, ils commencent par fonder un temple, une école et une imprimerie! — Pauvre Amérique! elle manque si bien d'intelligence générale, que, seule dans le monde entier, elle fait flotter le drapeau sacré de la république, — ce drapeau qu'on espérait lacérer hier, et que les rois et les empereurs saluent aujourd'hui!

Mais revenons à l'Allemagne, à l'Allemagne du Nord, à la Prusse, fuyons ces rivages barbares, où l'enseignement populaire enfante les pygmées qui ont vaincu devant Richmond, et remontons vers ce pays du bleu, où fleurit l'identité des contradictoires, où le subjectif se marie avec l'objectif, où l'idéalisme transcendental s'évanouit dans les bras d'un caporal, concret et cependant adéquat.

« L'organisation prussienne est le fruit d'un esprit na-
« tional enté sur une solide philosophie. Imiter l'organisation,
« sans imiter l'esprit qui l'a produite, serait peu sage... Que
« faut-il donc imiter? Les écoles allemandes, les universités
« allemandes, l'éducation morale de l'Allemagne, la façon
« allemande de traiter les questions religieuses... »

Voilà donc le grand mot lâché! — La façon allemande de traiter les questions religieuses! — Hélas! pour nous, barbares que nous sommes, saint Paul... « le vieux saint Paul, haranguant les Romains, suspendant tout un peuple à ses haillons divins », proclamant le Dieu inconnu dans les carrefours, dans les aréopages, dans les sénats, le confessant au pied du tribunal des proconsuls et sous la hache des bourreaux, était bien plus philosophe que le docteur allemand qui vit courbé sur ses livres jaunis, face à face avec sa pensée inféconde, et qui meurt dans son lit après avoir été conseiller privé d'un grand duc.

Faust l'avait touché du doigt, ce mal de la réflexion spéculative, qui rongeait hier encore le cœur de l'Allemagne, et pour lequel les merveilles du fusil à aiguille et la réaction brutale et peut-être salutaire des théoriciens de *force et matière* ne peuvent être qu'un palliatif d'un jour. Le vieux docteur, arrivé à sa centième année, jette un dernier regard sur ces milliers de volumes qui encombrent ses tablettes, sur tout ce fatras, sur toute cette poussière, sur ces roues, ces cylindres, ces leviers, ces poulies, sur tout cet héritage vermoulu de ses ancêtres, et, prêt à boire le breuvage mortel, il fait un suprême appel aux esprits de la vie, à la force, à l'action.

Oui, l'homme est né pour l'action! « Il s'agit bien de se reposer, grand Dieu! disait autrefois M. Renan, quand on a l'infini à parcourir et le parfait à atteindre. » Si l'homme des anciennes civilisations occidentales s'était laissé bercer par la vague douceur des mystiques rêveries, s'il s'était endormi en écoutant l'oiseau bleu des légendes allemandes, nous serions aujourd'hui des Hindous affamés et stupides, esclaves d'une race plus active et par conséquent supérieure. — Donc, à l'action! *All right*, tout droit vers la justice! — Agissons, combattons, et préférons aux spéculations sur l'Être et le non-Être, la lutte sans trêve et sans merci contre la misère et contre l'ignorance! — La grande nation n'est pas celle qui a révélé le sanscrit au monde, mais celle qui lui a révélé la justice!

VI

Dans les dix dernières pages de sa préface, M. Renan résume toutes ses vues sur la crise actuelle. Il indique quel est, à son avis, le devoir de l'écrivain : « En prêchant à son pays la haute éducation morale et intellectuelle, le culte pur, non séparé violemment de la religion, mais indépendant de la religion, on travaille au bien public. »

Qu'est-ce que ce culte pur, non séparé violemment de la religion, mais indépendant de la religion ? — Qu'est-ce que la philosophie, si elle n'est pas ou la critique négative des religions, c'est-à-dire des synthèses antérieures, ou l'élaboration d'une synthèse nouvelle (synthèse religieuse, comme l'entend Jean Reynaud, ou purement scientifique, comme le veut M. Littré ; nous n'avons pas, en ce moment, à trancher ce différend). — Qu'est-ce, encore une fois, que cet état d'un esprit qui est indépendant des religions, et qui cependant n'en est point séparé ? — *Verba et voces.* — Et tout cela a un nom, dans notre langue : cela s'appelle l'éclectisme. Nous pensions, depuis longtemps, avoir vu s'évanouir ce fantôme.

Il y a, en France, une Église catholique. Cette Église est un fait, et ce fait, qu'on le veuille ou qu'on ne le veuille pas, domine toute la situation. — Nous savons très-bien que vous n'êtes pas avec l'Église, et les évêques le savent aussi. Vous êtes donc contre elle. Vous êtes donc, à ce point de vue du moins, négatif. Vous êtes donc avec nous. — Mais alors, pourquoi nous parler d'une indépendance qui ne serait point la séparation radicale?

Est-ce pour arriver à une philosophie Alexandrine, connue d'un petit nombre d'adeptes, accessible seulement aux *classes supérieures*, suffisamment éclairées, tandis que le peuple, « les barbares », continueraient à répéter des formules inintelligibles pour eux, et pour vous évidemment absurdes ou incomplètes? Est-ce pour restaurer, au nom de la science, la doctrine de la grâce et de la prédestination, le dogme du petit nombre des élus?

D'après M. Renan, « le pays qui supporte le *droit divin* « sans honte et l'*inégalité des classes* sans envie, le pays « qui ne songe pas à se soulever contre sa dynastie natio- « nale, est le plus vertueux, le plus éclairé, et finira par « devenir le plus libre. »

S'il en est ainsi, il ne fallait pas nommer la Révolution une expérience honorable; c'est une expérience sacrilége qu'il fallait dire; car la Révolution a eu précisément pour objet de repousser, au nom des droits de l'homme, la honte du droit divin, et de détruire l'inégalité des classes, au nom de la justice égale pour tous.

On serait tenté, en vérité, de croire à un malentendu, si M. Renan, dans les pages suivantes, ne faisait pas une pro-

fession de foi ouvertement anti-démocratique et très-claire-
ment contre-révolutionnaire.

Dans ce programme (car c'est un véritable programme),
M. Renan indique ce que serait d'après lui la bonne politique, et voici quelques-unes de ses maximes d'État :

« Ne rien négliger pour former une nation raisonnable,
« éclairée, pratiquant la première des abnégations, la plus
« difficile, la plus méritoire, qui est de ne pas tenir à une
« fausse idée de l'égalité… inspirer au peuple la croyance
« à la vertu; le respect des hommes savants et graves; le
« détourner des révolutions, remèdes souvent plus funestes
« que le mal qu'il s'agit d'extirper; faire que chacun aime
« à rester à son rang par résignation, par fierté, par goût de
« l'honnête;… ne pas dire au pauvre : Enrichis-toi, mais lui
« dire : Console-toi; tu travailles pour l'humanité et la
« patrie; lui prêcher le bonheur par la simplicité du cœur et
« la poésie du sentiment; persuader à l'homme du peuple
« que ce qui le rend intéressant, c'est d'être respectueux
« pour les grandes choses morales auxquelles il coopère
« sans pouvoir toujours les comprendre; à la femme, que
« ce qui fait son charme, c'est d'être dévouée et de servir…»

Nous nous arrêtons à ce commentaire de l'article 213 du
Code civil et du verset de saint Paul : « Femmes, soyez
soumises à vos maris, etc. » Il paraît que les hommes savants et graves, dont parle M. Renan, ne savent pas encore
que la personne de la femme est respectable au même titre
et au même degré que la personne de l'homme. « La desti-
née de la femme est de SERVIR ! » — Franchement, si nous
en sommes encore là, la Révolution, qui, dans le préambule
de son Code civil, le 9 août 1793, proclamait l'égalité ab-

solue de l'homme et de la femme dans le mariage, est, comme le dit M. Renan, une expérience manquée; et l'œuvre de la Convention est tout entière à recommencer. Du reste, nous nous en doutions déjà...

Quant au peuple, qui fut serf au bon vieux temps où la femme était servante, qui est aujourd'hui salarié, que pensera-t-il des conseils de M. Renan?

— Bon peuple, garde-toi d'une fausse idée de l'égalité. Quand tu récites le *Pater*, ne t'imagine pas que la volonté de Dieu doive réellement s'accomplir sur la terre comme au ciel. Ne prends pas l'Évangile à la lettre, et souviens-toi que la Révolution de 1792 fut une expérience manquée. Bon peuple, crois à la vertu. En effet, que deviendraient les *classes supérieures*, si tu étais aussi païen qu'elles le sont elles-mêmes? Bon peuple, reste à ton rang; pratique la résignation, et pendant qu'on est infâme là haut, et vil, et lâche, reste pauvre par fierté et par goût de l'honnête. — Barbares! demeurez dans vos caves et dans vos mansardes; il y fait froid l'hiver et chaud l'été; mais l'Académie vous regarde, et le prix Montyon vous attend! Serfs du capital, serfs de la machine, quand vous êtes sans soleil, sans feu et sans pain, souvenez-vous que vous travaillez pour l'humanité et la patrie! Travaillez, mes frères, travaillez, et surtout ne vous enrichissez pas! Quand le petit enfant n'a pas de langes, quand la vieille grand'mère agonise sur son grabat pendant les longues nuits d'hiver, quand la jeune fille engage au mont-de-piété son dernier ruban, goûtez, ô barbares! le bonheur ineffable de la simplicité du cœur et la poésie du sentiment; redites à l'écho le refrain de *Jenny l'ouvrière*, contente de peu, contente de Dieu, ô jeunes femmes qui avez froid et qui avez faim! Déshérités, soyez *intéressants*, tout est là. Coopérez aux grandes choses morales, sans pouvoir les comprendre, comme y coopèrent la vapeur et le piston. Soyez « l'admirable soldat, l'admirable marin, l'ouvrier courageux, l'ouvrière résignée, » et, quand vous passez près de la Morgue, vous qui n'êtes pas les aristocrates de la haute culture intellectuelle, faites un signe de croix.

Jésus le verra peut-être, lui qui n'était ni un aristocrate, ni un savant, ni un critique, ni un artiste, et il baisera de sa bouche livide les lèvres de vos plaies.

O liberté! ô égalité! ô fraternité! trinité sainte de la Révolution! délivrez-nous de ces sophismes! — N'est-il pas vrai, ô nos ancêtres de la Convention, ô décapités de thermidor! que tous les hommes sont égaux et frères, et qu'ils doivent tous être libres? N'est-il pas vrai que la misère, l'ignorance, la guerre, la prostitution, tous les trafics de l'âme et de la chair, doivent avoir une fin ; que la résignation, en présence du mal, est la dernière des lâchetés, et que bientôt l'aurore éclairera de son sourire la victoire définitive de la justice?

VII

M. Renan conclut toute sa préface par une prophétie si-
nistre sur l'avenir de la France.

Hélas! même dans le livre d'Edgar Quinet, même dans
le livre de Marc Dufraisse, nous les avons déjà rencontrées,
ces prophéties du désespoir. Mais l'amertume, qui est si ex-
cusable chez les exilés volontaires, chez les protestants du
droit, l'est beaucoup moins chez M. Renan, qui vit à Paris,
au milieu de nous, qui l'avons si souvent applaudi et ac-
clamé. — Désespérer de la France! Et pourquoi? parce
qu'elle a couru quelque triste aventure, parce qu'elle a
joué la partie de Mexico ou de Mentana, parce qu'elle a perdu
la première et gagné la seconde, avec une égale angoisse
des consciences? — Mais qui donc a fait tout cela? Êtes-
vous bien sûr que ce soit la France? Et parce qu'un souffle
venu de l'Espagne a passé sur nos têtes, faut-il désespérer
de nous? — Nous étions bien plus malades, aux jours où
quatre bourgeois de Paris écrivaient la *Satyre Ménippée*
contre le *Catholicon d'Espagne*. La bourgeoisie sauva, au
lendemain de la Ligue, la France compromise et trahie par

les classes supérieures. Elle la sauverait encore, si elle le voulait; mais puisqu'elle ne le veut pas, puisqu'elle ne paraît pas avoir assez d'intelligence et assez d'énergie pour cette besogne, le peuple, les simples, les barbares nous sauveront!

Non, la France ne sombrera pas! Ne nous effrayons pas des colosses bouffis qui grandissent autour de nous. Le jour où nous serons vraiment la France, — et il ne faut, pour que ce miracle s'opère, qu'un seul jour de foi et d'espérance, — l'Europe, le monde nous salueront encore une fois comme le peuple initiateur. — Comparez donc le mal dont souffrent les autres nations avec celui dont nous souffrons. — Qu'importe, en dernière analyse, que les classes qui ont gouverné depuis un siècle soient aujourd'hui épuisées, corrompues, incapables? D'autres arriveront, comme le tiers état est arrivé, et continueront la patrie.

La France est si grande, que même si l'on retranchait de sa vie les cinq années qui s'écoulent de mai 1789 à juillet 1794, elle pourrait encore défier toutes les nations ensemble de former une légende comparable à son histoire. Il faut beaucoup lui pardonner, même lorsqu'elle paraît déchoir, et beaucoup l'aimer, parce qu'elle a beaucoup aimé l'humanité. Si Israël s'est appelé le peuple de Dieu, la France peut se nommer le peuple de la justice. Michelet l'a dit avant nous : « Ma patrie seule peut sauver le monde. » Elle le sauvera certainement, par la victoire suprême de la Révolution, par l'avénement réel de la démocratie, par l'ascension des classes dites inférieures vers la lumière. — Par la solidarité, qui est l'âme même de la France, ma patrie fondera définitivement la liberté.

« Quand même, dit M. Renan, il faudrait acheter de nouveau la liberté au prix de la barbarie, plusieurs pensent
qu'elle ne serait pas trop chèrement achetée; car, seule, la
liberté donne aux individus un motif de vivre, et seule elle
empêche les nations de mourir. »

Cela est bien dit. Mais que M. Renan se rassure. — La
barbarie est désormais impossible. Les barbares entreront
certainement dans la cité, mais pour sauver la France, pour
continuer la tradition et fonder définitivement la justice.

FIN

Paris — Imprimerie L. Poupart-Davyl, rue du Bac, 30.

POLITIQUE EXTÉRIEURE

Solution rationnelle du conflit européen, examen critique des systèmes régnants de politique internationale. Brochure in-8. 1 »

L'Europe sauvée et la Fédération, par STRADA. 1 vol. in-18. 3 »

La Question romaine devant l'histoire, 1848 à 1867 ; actes officiels, documents, débats parlementaires, précédée de *France et Italie*, par M. EDGAR QUINET. 1 volume in-18............. 3 50

Discours de M. Jules Favre sur la seconde Expédition romaine, prononcé le 2 décembre 1867. Brochure in-8.......... 1 »

L'Agonie de la Papauté.
« Demain le pouvoir temporel du pape tombera de ses faibles mains, « si demain l'étranger lui retire son appui. » (ROSSI.)
Par M. ODYSSE-BAROT. Brochure in-8 .... 1 »

Lettres d'un libre penseur à un curé de campagne, par M. LÉON RICHER. 1 volume in-18......................... 3 50

QUESTIONS D'ÉCONOMIE ET DE FINANCES

La coopération et la politique aux ouvriers, par M. P. MALARDIER, ancien représentant. Brochure in-8, 0 50. Par la poste 0 60

Le Crédit mobilier et ses actionnaires. Brochure in-8..... 1 »

Les Déficits, 1852-1868, par M. H. ALLAIN-TARGÉ. Brochure in-8... 1 »

Aux 1,100,000 rentiers. Le Nouvel Emprunt et la Politique du grand-livre, par M. ACHILLE MERCIER. Br. in-8. 1 »

L'IMPOT (catéchisme du contribuable), expliqué par demandes et par réponses, par M. ISAMBERT. Brochure in-32, 0 40 c. Par la poste... 0 50

Paris. — Imprimerie L. Poupart-Davyl, rue du Bac, 30.